CHAMBRE DE COMMERCE DE MARSEILLE

DÉLIBÉRATION

RELATIVE A LA

PROPOSITION DE LOI

Ayant pour objet de modifier le Paragraphe 2 du
N° 91 du Tableau A du TARIF GÉNÉRAL DES
DOUANES (Sucres étrangers extra-européens).

SÉANCE DU 22 MAI 1894

MARSEILLE

TYPOGRAPHIE ET LITHOGRAPHIE BARLATIER ET BARTHELET

Rue Venture, 19

—

1894

DÉLIBÉRATION

RELATIVE A LA

PROPOSITION DE LOI

Ayant pour objet de modifier le Paragraphe 2 du N° 91 du Tableau A du TARIF GÉNÉRAL DES DOUANES (Sucres étrangers extra - européens).

SÉANCE DU 22 MAI 1894

MARSEILLE

TYPOGRAPHIE ET LITHOGRAPHIE BARLATIER ET BARTHELET

Rue Venture, 19

—

1894

CHAMBRE DE COMMERCE DE MARSEILLE

EXTRAIT DU REGISTRE DES DÉLIBÉRATIONS

Séance du 22 Mai 1894

M. Augustin Féraud, Président de la Chambre, fait le rapport suivant·

Messieurs,

Une proposition de loi, déposée le 10 mai, par M. Linard, à la Chambre des Députés, demande l'application aux sucres des colonies étrangères, à leur entrée en France, de la surtaxe de sept francs imposée aux sucres provenant des pays d'Europe et des lieux d'Entrepôt.

La question n'est pas nouvelle et depuis bientôt dix ans, elle a périodiquement fait l'objet des études les plus approfondies, des délibérations les plus ardentes du Parlement.

La solution proposée par les auteurs du projet actuel a toujours été repoussée et il est à relever, qu'à chaque épreuve, une majorité plus imposante se prononçait contre les dispositions qu'on prétend faire prévaloir aujourd'hui.

C'est donc avec confiance que nous abordons le nouveau débat et nous ne pouvons mettre en doute son issue, assurés que nous sommes que le Parlement le soutiendra sous l'empire des mêmes préoccupations patriotiques qui ont inspiré ses décisions antérieures.

Cependant, si l'on considère la gravité des conséquences que l'adoption de la mesure proposée entraînerait, la ruine irrémédiable d'industries séculaires qui ont fait, qui continuent à faire encore le bon renom des produits français à l'Etranger, qui, plus que toutes autres, assurent la vie d'un nombre considérable d'industries annexes et de nombreux ouvriers. sans recevoir ni aide, ni concours de l'Etat, on est amené à reconnaître que le fait seul de la mise en question de dispositions aussi graves que dénuées de raison d'être, va paralyser de nouveau, pendant tout le temps des débats parlementaires, le fonctionnement des industries intéressées. L'on peut comprendre alors ce fait douloureux de la constitution en pays étrangers d'industries françaises cherchant à se prémunir contre les vicissitudes législatives dont elles sont sans cesse menacées en France.

Nous sommes heureux de reconnaître que le Gouvernement de la République a constamment combattu, avec la plus grande et la plus persévérante fermeté, les propositions néfastes que l'on ne craint pas de présenter aujourd'hui encore au Parlement français, qui a trop le sentiment des intérêts nationaux pour ne pas repousser, avec la même énergie que devant, des dispositions qui ajouteraient des ruines nouvelles à celles qui s'accumulent déjà autour de nous.

Mais, quelle est donc la raison d'être de ces demandes constamment repoussées et constamment reprises ?

Le groupe industriel, au nom duquel on les présente, a-t-il lieu de trouver insuffisants les avantages qui lui sont réservés ?

Est-il nécessaire de lui accorder une protection plus efficace que celle qui lui est acquise ?

Peut-il considérer, comme une conséquence logique de la législation des sucres, les dispositions nouvelles que l'on prétend faire prévaloir, au nom de ses intérêts ?

Enfin, a-t-il à attendre des avantages essentiels de ces mesures qui vont entraîner tant de ruines ?

Sur le premier point, le tableau ci-dessous démontre que la production indigène et coloniale des sucres a été favorisée par l'Etat dans des conditions qui n'ont jamais été réservées à aucune autre industrie en France ou à aucune autre industrie du monde entier.

TABLEAU DES PRIMES ALLOUÉES A LA SUCRERIE INDIGÈNE ET COLONIALE

Primes accordées aux fabricants de sucre indigène

CAMPAGNES	POIDS EN RAFFINES Kil	DROITS Francs	SOMMES Francs
1884-5	39.712.245	50	19.856.122 50
1885-6	78.019.956	50 —	39.009.978 »
1886-7	157.780.504	50 —	78.890.252 »
1887-8	95.033.035	50 —	47.516.517 50
1888-9	108.654.960	40 —	43.461.984 »
1889-90.	199.886.164	40 —	79.954.465 60
1890-1	119.368.141	30 —	35.810.442 30
1891-2	137.772.131	30 —	41.331.639 30
1892-3	101.904.715	30 —	30.571.414 50
	1.038.131.851		416.402.815 70

COLONIAUX FRANÇAIS

CAMPAGNES	IMPORTATION Sucre brut	EN RAFFINÉS A 105 kil. 5 0/0.	DÉTAXES	POIDS	DROITS	SOMMES
1884-5	101.785 T.	96.479 T.	12 %	11.578 T.	50 F.	5 789.000 F.
1885-6	91.647 »	86.869 »	12 %	10.424 »	50 »	5.212.000 »
1886-7	109.893 »	104.164 »	24 %	24 999 »	50 »	12.499.500 »
1887-8	131.205 »	124.565 »	36.44	45.319 »	50 »	22.659.500 »
1888-9	120.889 »	114.596 »	27.24	31.216 »	40 »	12.486.400 »
1889-90	107.072 »	101.490 »	26.19	26.580 »	40 »	10.632.000 »
1890-1	95.069 »	90.113 »	28 54	25.718 »	30 »	7.715.400 »
1891-2	93.613 »	88.733 »	19.35	17.170 »	30 »	5.151.000 »
1892-3	110 551 »	104.788 »	23.83	24.971 »	30 »	7.491.300 »
				217.975 T.		89.636.100 F.

Résumé : { Indigènes . . . . . . F. 416.402.815 70 }
{ Coloniaux . . . . . . 89.636.100 » } F. 506.038.915 70

Ainsi donc, en neuf années, le Trésor a alloué, à l'ensemble de ces industries, une prime qui excède sensiblement la valeur de tout l'outillage industriel qui les constitue.

Est-il possible de leur assurer un résultat plus efficace que celui de l'amortissement des dépenses auxquelles leur création a donné lieu dans une aussi courte période ?

Quelle est la forme de protection qui pourra réaliser, à leur profit, des avantages équivalents ?

Le coût d'une sucrerie, dans les conditions d'outillage les plus parfaites, peut être évalué à fr. 500, pour la production annuelle d'une tonne de sucre.

La sucrerie française dispose d'un outillage dont la production annuelle peut atteindre 800,000 tonnes de sucre représentant, à 500 fr. par tonne, fr. 400,000,000,

Elle a reçu, de l'Etat, dans la période écoulée du 1er septembre 1884 au 1er septembre 1893, des primes s'élevant ensemble à fr. 416.402.815 70, ainsi qu'il résulte du tableau ci-dessus, décompte étant fait à part de la prime allouée aux sucres coloniaux français.

Mais, prétendent les auteurs du projet de loi, la sucrerie indigène subit, comme contre-partie de ces avantages, une législation qui, la mettant à merci de la spéculation, déprime les cours de ses produits.

Examinons donc les cours des sucres en France et à l'Etranger pendant cette même période et nous relèverons concurremment la production Indigène Française.

TABLEAU DES PRIX SUR LES MARCHÉS DE PARIS ET DE LONDRES, DU 1ᵉʳ JANVIER 1884 AU 31 DÉCEMBRE 1892

Cotes officielles des Sucres aux 88°.

MOIS	1884			1885			1886			1887			1888		
	Paris	Londres	Écarts	Paris	Londres	Écarts	Paris	Londres	Écarts	Paris	Londres	Écarts	Paris	Londres	Écarts
Janvier	46.72	43.66	3.06	32.67	26.79	6.88	37.11	36.63	0.48	29.49	27.25	2.24	40.56	37.21	3.34
Février	45.68	43.44	2.24	35.26	29.18	6.08	34.83	33.10	1.73	28.20	26.78	1.42	37.40	35.70	1.70
Mars	45 »	40.96	4.04	38.45	29.85	6.06	34.05	31.45	2.60	27.67	27.30	0.37	38.33	35.37	2.96
Avril	41.34	37.67	3.67	36.95	31.03	5.92	34.47	32.47	2. »	28.21	27.92	0.29	36.57	33.72	2.85
Mai	40.66	36.84	3.82	40.64	38.16	2.48	34.05	30.62	3.43	28.50	27.75	0.75	36.29	32.19	4.10
Juin	38.82	34.97	3.85	46. »	40.21	5.79	31.50	26.90	4.60	28.73	27.31	1.42	37.96	33.72	4.24
Juillet	37.17	33.72	3.45	42.92	37.16	5.75	30.66	27.50	3.16	30.20	29.91	0.29	38.03	35.60	3.43
Août	35.79	30.52	5.27	43.60	37.86	5.94	28.93	27.43	1.50	30.62	30.40	0.22	39.00	35.37	3.72
Septembre	35.25	28.90	6.35	45.44	38.40	7.04	28.75	28.65	0.10	32.14	30.69	1.45	38.06	35.79	2.87
Octobre	35.64	27.72	7.92	43.10	37.02	6.08	27.32	26.58	0.74	33.09	30.31	2.78	33.65	32.49	1.16
Novembre	35.48	26.89	8.59	39.57	36.41	3.16	26.47	26.16	0.31	36.21	34.47	1.74	34.62	33.10	1.52
Décembre	32.81	25.36	7.45	40.29	38.58	1.71	26.56	27.31	1.25	42.01	37.86	4.15	36.58	34.96	1.62
Prix moyen	39.19	34.22	4.97	40.78	35.05	5.23	31.40	29.57	1.83	31.25	29.83	1.42	37.41	34.60	2.81

MOIS	1889			1890			1891			1892			1893		
	Paris	Londres	Écarts	Paris	Londres	Écarts	Paris	Londres	Écarts	Paris	Londres	Écarts	Paris	Londres	Écarts
Janvier	36.20	34.13	2.07	28.62	28.48	0.14	33.19	31.23	1.96	38.92	36.43	2.49	38.57	35.37	3.20
Février	37.23	33.72	3.51	29.42	29.14	0.28	34.38	33.31	1.07	38.70	35.79	2.91	38.46	35.30	3.16
Mars	40.53	39.10	1.43	30.39	30.28	0.11	36.13	34.35	1.78	38.50	34.19	4.31	39.10	36.52	2.57
Avril	48.11	47.51	0.90	31.49	30.29	1.13	36.21	33.93	2.28	37.29	32.38	4.91	43.41	40.86	2.55
Mai	50.02	50.26	0.36	31.98	30.57	0.71	34.47	32.48	1.99	36.65	32.21	4.44	48.28	45 »	3.28
Juin	56.84	55.23	1.61	31.33	30.42	0.93	34.74	32.89	1.85	37.46	32.81	4.65	49.25	46.55	2.70
Juillet	52.60	52.23	0.37	32.44	32.26	0.13	35.25	33.51	1.74	36.54	31.45	5.09	44.91	41.99	2.92
Août	44.21	41.06	3.15	34.02	34.44	0.46	36.24	33.31	2.93	36.82	33.51	3.31	40.20	37.04	3.16
Septembre	35.36	33.72	1.64	34.22	31.03	3.19	36.57	32.90	3.63	36.94	33.20	3.74	39.08	36.93	2.15
Octobre	29.09	28.95	0.14	33.10	30.91	2.19	34.74	32.71	2.03	36.86	33.93	2.93	35.14	33.31	1.83
Novembre	28.80	28.65	0.15	33.10	30.91	2.19	36.01	34.95	1.06	38.51	34.54	3.97	35.02	31.86	3.10
Décembre	29.13	28.93	0.20	33.30	30.72	2.58	39.07	35.07	4. »	38.52	34.96	3.56	34.67	30.93	3.74
Prix moyen	40.72	39.45	1.27	32.11	31.02	1.09	35.63	33.39	2.24	37.64	33.78	3.86	40.51	37.64	2.87

MOYENNE 1884 - 1893 : Paris, 36.62 — Londres 33.86 — Écarts, 2.75

Production du Sucre indigène en France

1er sept./31 août.	1883–4.....	T.	471.234
»	1885–5.....	»	316.583
»	1885–6....	»	305.683
»	1886-7.....	»	497.000
»	1887–8.....	»	382.563
«	1888–9.....	»	456.355
»	1889–90....	»	770.448
»	1890–1.....	»	678.614
»	1891–2.... .	»	635.917
»	1892–3.....	»	575.701
		T.	5.090.098

Ainsi donc, depuis l'inauguration de la législation actuelle, la sucrerie française a reçu de l'Etat un ensemble de primes s'élevant à fr. 416.402.815.70, pendant que, par les effets de cette même législation, elle a pu réaliser l'ensemble de sa production, au cours de cette même période,

Tonneaux 5.090, 098, à fr. 2.76 par 100 kilogrammes.

au-dessus du prix moyen obtenu par cette même denrée sur les marchés étrangers, majoration qui constitue une nouvelle prime de fr. 140.498.704 80 qu'elle tient, comme la première, des dispositions que le législateur a prises en sa faveur.

Le Parlement n'a donc pas à rechercher, comme l'y invitent les auteurs du projet de loi, à faire œuvre de justice envers une industrie que la législation a dotée de tous les avantages qu'il était possible de lui réserver, en lui assurant à la fois prime de fabrication et majoration du prix de la denrée fabriquée,

Mais, on s'est efforcé, depuis l'origine, de faire considérer la surtaxe, frappant les sucres des colonies étrangères, comme une conséquence logique et normale de la loi sur les sucres.

Nous sommes placés sous un régime de protection qui doit avoir ses pleins effets et produire toutes ses conséquences ; la disposition dont on demande l'application complètera l'harmonie d'une législation qui est faussée par l'immunité de surtaxe réservée aux sucres des colonies étrangères.

C'est bien là l'argument de nos adversaires. Nous pouvons démontrer qu'il n'a pas plus de raison d'être que leur appel à la justice du Parlement pour la réformation d'un état de choses qui leur réserve des faveurs et des avantages de beaucoup supérieurs à ce qu'ils avaient jamais espéré recevoir de l'Etat.

Non, la surtaxe imposée aux sucres des colonies étrangères n'est pas la conséquence logique et normale de celle dont sont frappés les sucres de provenance européenne ou venant des lieux d'entrepôt.

Pour ces derniers, — les sucres provenant des lieux d'Entrepôt, — ils subissent la surtaxe dont sont frappés, en France, tous les produits importés des Entrepôts d'Europe.

C'est là disposition législative excellente ; elle favorise notre marine, en réservant un avantage aux longues navigations ; elle incite notre Commerce à rechercher, aux lieux même d'origine, les produits qu'il importe et ne compromet en rien les approvisionnements de notre Industrie qui n'a qu'à prévoir, en temps utile, ses besoins et l'emploi qu'elle peut avoir de telle ou telle denrée.

Quant a la surtaxe qui frappe les sucres de provenance européenne, les auteurs du projet ne peuvent ignorer les considérations qui ont amené son application.

La loi détermine, d'une manière générale, que l'Industrie française est admise à travailler, sur le territoire français, les produits étrangers, à charge de réexportation du produit fabriqué, disposition dont, chacun le reconnaîtra, on ne saurait assez étendre l'application et les bienfaits.

C'est là la base de notre régime douanier. L'école protectionniste et les partisans du libre-échange ne sont et n'ont jamais été en désaccord sur ce principe et, quant à l'application, elle est aujourd'hui entourée de prescriptions si rigoureuses qu'il n'est pas de restrictions nouvelles dont elle soit susceptible.

Dans l'espèce, rien qui gêne ou entrave l'application la plus stricte de l'école protectionniste : La consommation française réservée tout entière aux produits français.

Au cours de la discussion de la loi qui a ordonné l'application de la surtaxe sur les sucres de provenance européenne, qu'a-t-il été dit pour justifier son application ?

Que ces sucres ne pouvaient être reçus en France sous le régime de l'admission temporaire parce que, par leur composition même, ils échappent à l'application des prescriptions de la législation sur la matière.

La loi prescrit, en effet, que le raffineur prendra charge du sucre brut, envers le Trésor, pour la quantité de sucre raffiné qu'il représente.

Or, les sucres de betterave sont composés, comme tous sucres, de sucre pur, de mélasse et de corps étrangers.

L'analyse chimique déterminera très exactement la proportion de chacun de ces éléments.

Mais le sucre de betterave est ainsi constitué qu'à raison de l'absence de glucose dans sa composition, les cristaux contenus dans sa mélasse sont extractibles par le procédé dit de la sucraterie.

Il suit de là que le raffineur pouvait, après avoir pris charge du sucre raffiné reconnu exister dans le sucre brut qu'il recevait, soumettre la mélasse provenant de ce même sucre au procédé de la sucraterie et en extraire une proportion de cristaux ou de sucre qu'il pouvait ainsi introduire, indemne de droit, à la consommation.

C'est bien là le motif invoqué, en juillet 1884, par M. Franck-Chauveau, un des principaux promoteurs de la surtaxe, à l'appui de sa demande :

« Le jour où nous serons certains qu'aucune quantité de sucre étranger ne reste dans la consommation, indemne de droit, nous renoncerons à la surtaxe sur les sucres importés en vue de réexportation après raffinage. »

Et le même orateur, parlant ensuite des sucres de canne étrangers, disait à leur sujet :

« Au surplus, je reconnais que ces sucres ne se trouvent pas dans les mêmes conditions que les sucres européens ».

C'est qu'en effet, ces conditions sont absolument différentes.

Le sucre de canne est, comme le sucre de betterave, composé de sucre pur, de mélasse et de corps étrangers ; mais, à raison de la proportion de glucose qu'il contient, il se distingue du sucre de betterave, en ceci que, par aucun procédé connu, on ne peut extraire, de sa mélasse, les cristaux qu'elle contient.

Dès lors, la prise en charge du sucre raffiné démontré, par l'analyse, exister dans le sucre brut importé, représente bien l'intégralité du sucre raffiné que le raffineur pourra en extraire. Dès lors, rien ne s'oppose a l'application, à ce sucre, des règles de l'admission temporaire, car les chimistes de l'administration, MM. Bardy et de Luynes, l'ont formellement déclaré :

« Le sucre de canne qui entre en France ne laisse pas un kilogramme indemne à la consommation ».

Cette déclaration officielle des hommes très certainement les plus compétents en la matière doit nous dispenser d'insister plus longtemps sur ce point de la question.

Que si nous repassons en revue les autres considérations énoncées, au cours des débats, par les défenseurs de la surtaxe qui a été ajoutée. à titre temporaire, aux dispositions de la loi organique du 29 juillet 1884, nous constatons que cette surtaxe a été imposée aussi aux sucres européens, parce qu'ils sont primés à l'exportation des pays d'origine et qu'ils sont introduits, sur le marché français, aux moindres frais.

Aucune de ces considérations ne saurait justifier une surtaxe des sucres des colonies étrangères qui, non seulement ne sont pas primés à l'exportation des pays d'origine, mais qui, pour la plupart, y acquittent des droits de sortie et qui, par surcroît, produits dans les contrées les plus lointaines, ont à payer, en outre, les frets les plus élevés pour être amenés dans les ports français.

L'œuvre du législateur de 1884 est donc une œuvre de sagesse et de raison et c'est par les considérations les plus justes et les mieux fondées qu'il a repoussé, en 1884, 1886, 1888, 1890, 1891, les surtaxes qu'on lui demandait d'appliquer aux sucres de canne étrangers.

Cette œuvre de sagesse et de raison est aussi une œuvre de justice, car, on ne saurait le méconnaître, l'application de la surtaxe sur les sucres coloniaux étrangers serait l'arrêt de mort prononcé contre les Raffineurs des Ports.

Faut-il redire, ici, ce qui a été exposé déjà avec tant d'autorité et d'éloquence par les Représentants du Gouvernement, au cours de nombreux débats parlementaires, aussi bien que par les plus éminents orateurs ?

Faut-il décompter à nouveau les quantités nécessaires à l'industrie de la Raffinerie des Ports, démontrer l'insuffisance de celles que lui fournit la production coloniale française, soit au point de vue de ces quantités mêmes, soit à celui de la périodicité de leur apport sur le marché français ?

Est-il, enfin, besoin d'une démonstration nouvelle pour établir qu'une industrie comme celle des Ports, qui doit rechercher la moitié au moins de ses débouchés à l'Etranger, ne peut subsister sans une certaine liberté dans le choix de ses approvisionnements et que si le législateur lui impose l'obligation de les recevoir d'une source unique, fût-elle surabondante, les détenteurs investis de ce nouveau monopole, le plus odieux qui ait jamais été imposé, mettront à tel prix leur concours que l'industrie qui, par une manifeste violation du droit public, aurait été ainsi rendue tributaire d'une autre industrie, n'a plus qu'à disparaître.

Et cette démonstration ne sera-t-elle pas d'autant plus éclatante qu'il sera établi, ainsi qu'il l'a été fait déjà par le tableau ci-dessus, que le sucre indigène français que l'on prétend imposer comme source unique d'approvisionnement aux Raffineries des Ports, obtient un prix moyen majoré de 2 fr. 76 par 100 kilog. sur le cours moyen du sucre étranger de même mérite.

Eh quoi ! c'est avec des approvisionnements d'un prix supérieur à celui des marchandises similaires sur les marchés étrangers, que l'on prétendrait mettre le raffineur français en mesure de livrer ses produits fabriqués en concurrence avec les mêmes produits de fabrique étrangère !

Nous désirons alléger cette étude de tous détails superflus et éviter, autant que possible, de rééditer ce qui a été exposé déjà au sujet de la même question. Mais il faut prévoir l'objection qui pourrait être faite, que les circonstances actuelles ne sont plus celles qui ont motivé les décisions antérieures du Parlement.

C'est pour répondre à cette objection que nous dressons le tableau ci-bas :

Importations de sucres bruts par la France entière.

		COMMERCE GÉNÉRAL.	COMMERCE SPÉCIAL.
Des Colonies françaises.	1892.	106.627.446 kil.	101.016.787 kil.
	1893.	110.180.135 »	110.738.818 »
De l'Etranger (Canne)	1892.	65.194.395 kil.	59.849.549 kil.
	1893.	32.968.371 »	31.158.391 »
De l'Etranger (Betterave)	1892.	180.843 kil.	629 kil.
	1893.	708.085 »	25 »

Ce tableau démontre que la Raffinerie des Ports, dont la puissance de production est de 200.000 tonnes, dont la production effective est de 170.000 tonnes, peut assurer ses approvisionnements :

1° Par l'importation des sucres des colonies françaises   T. 105.000
D'où à déduire. 20.000
Livrées directement en ces sucres à la consommation

_____

                                                          T.   85.000

Importation des colonies étrangères . . . . T.   45 000
Sucres indigènes. 42.000

Prétendre supprimer leur faculté d'approvisionnement en sucres des Colonies étrangères, c'est fausser d'autant plus gravement les conditions de leur fonctionnement que ces sucres leur parviennent précisément dans la période où les sucres des colonies françaises leur font défaut.

La Chambre de Commerce de Marseille a fait, dans un rapport adopté par elle le 30 octobre 1885, un travail très complet sur ce point spécial de la question, auquel nous ne pouvons que nous référer.

Quant aux sucres indigènes français, la raffinerie des Ports les emploie à concurrence de 42.000 tonnes environ.

Mais, nous dira-t-on, le marché des sucres indigènes pourrait lui fournir des quantités bien plus considérables et suppléer très largement au défaut d'importation des sucres coloniaux étrangers, s'ils sont surtaxés.

Nous avons vu déjà que le prix des sucres en France a été, depuis l'application de la loi du 29 juillet 1884, toujours plus élevé que le prix des marchés étrangers. Ce prix est, d'autre part, celui du marché de Paris qui régit les transactions sur tout le territoire français. Mais, s'il est, pour le raffineur parisien, net de tous frais de transport, il est, pour le raffineur des ports, augmenté de tous les frais à acquitter du lieu où il est vendu au point où il pourra être employé.

Les auteurs du projet de loi apprécient que ces frais peuvent être aujourd'hui réduits à 1.40 par 0/0 k. c'est une erreur. Ce prix, qui est celui du transport par mer des Ports du Nord, doit être augmenté de la prime d'assurance, des franchises et avaries. Les stocks des ports du Nord sont souvent insuffisants et, pour le raffineur de Marseille par exemple, la moyenne des frais de transport à acquitter pour l'ensemble de ses approvisionnemeuts de sucre indigène, n'est pas inférieure à fr. 2.50 par 0/0 k. C'est une affirmation dont nous sommes en mesure de démontrer le bien fondé, s'il est besoin.

Dans ces conditions. majoration, d'une part, des prix relativement au prix du sucre étranger.

> F. 2.76 suivant tableau ci-dessus
> F. 2.50 frais de transport à acquitter,

soit ensemble.. F. 5.26.

Il est bien manifeste que, dans ces conditions, le raffineur des ports doit renoncer à toute vente de ces produits en concurrence avec les raffineurs étrangers qui reçoivent une prime à l'exportation, alors que le raffineur

des Ports aura à acquitter une majoration aussi considérable sur le prix auquel ses concurrents obtiennent la matière première. Mais il est manifeste aussi que le raffineur des Ports serait, par l'application de la surtaxe aux sucres coloniaux étrangers, aussi impuissant à conserver ses débouchés à l'intérieur que sur le marché étranger.

A l'intérieur, il ne trouvera plus la concurrence des sucres raffinés étrangers, mais celle des sucres de la Raffinerie Parisienne dont l'organisation est si puissante, qui n'utilise qu'en partie sa force de production et qui aura bientôt détruit la Raffinerie des Ports, si elle est armée contre elle de cette prime des frais de transport qu'aurait à acquitter, sur sa matière première, la Raffinerie des Ports, alors que la Raffinerie de Paris en serait indemne.

Faut il relever cette affirmation erronée des auteurs du projet que la Raffinerie de Paris doit acquitter les frais de transport de l'usine sur le marché de Paris ?

Eh quoi ! c'est le prix du marché de Paris qui est le régulateur, et la marchandise, régie par ce prix, serait grevée, en outre, des frais de transport à Paris ?

Ce serait une étrange anomalie. C'est une erreur manifeste que tous les acheteurs, courtiers ou autres intéressés pourront facilement rectifier.

Faut-il signaler aussi une autre erreur des auteurs du projet de loi ?

Il est fait, dans le Midi, dans les départements de Vaucluse et du Gard, des essais très intéressants de culture de la betterave à sucre :

Deux sucreries sont établies, et les auteurs du projet d'en conclure que la Raffinerie des Ports trouve là une source d'approvisionnement qu'ils évaluent à :

T.   10.000   de sucre, alors la production de ces usines a été, en 1892, de

    4 500   environ, pour tomber, en 1893, à

    2.000   environ.

Il est certain qu'en argumentant sur des chiffres aussi peu contrôlés, on peut raisonner tout à l'aise.

Mais que dire de conclusions ainsi motivées ?

Quoiqu'il en soit, ces sucreries naissantes du Midi protestent contre toute application d'une surtaxe sur les sucres coloniaux étrangers.

Elles comprennent très bien que l'application de cette surtaxe entraînerait la ruine des Raffineries des Ports, sur la prospérité desquelles repose tout leur avenir.

Elles ne peuvent méconnaître cette situation de fait, reconnue par les Pouvoirs publics, aussi souvent que la même question a été posée, que, du jour où les facultés d'approvisionnements des Raffineries des Ports seraient limitées aux sucres des colonies françaises et aux sucres indigènes, elles seraient condamnées à périr.

Nous avons vu que, pour ces derniers sucres, elles auraient à payer des frais de transport très élevés ; que ces frais soient de 2 fr. ou 2 fr. 50, peu importe. Ils sont tels que la lutte leur sera d'autant moins possible que les importateurs des sucres coloniaux français exigeront une prime égale aux frais de transport dont leurs sucres seront indemnes. Que si la Raffinerie des Ports peut aujourd'hui subsister, en acquittant ces frais sur le tiers ou le quart de sa production, elle succomberait, le jour où elle aurait à les acquitter sur sa production tout entière, sous les coups de la Raffinerie étrangère sur les marchés étrangers, et, sur le marché intérieur, sous les coups non moins mortels de la Raffinerie de Paris.

Sans parler du droit à l'existence qu'a cette séculaire industrie de la Raffinerie des Ports, quelle serait, le lendemain de sa disparition, la situation de la production indigène et coloniale des sucres français ?

Elle n'aura plus qu'un acheteur : La Raffinerie de Paris, qu'aucune disposition législative ne peut atteindre, car, placée au centre de la production indigène, elle reste indifférente à toute mesure limitant les sources d'un approvisionnement qui lui est surabondamment assuré.

Le législateur aura donc accumulé des ruines sur divers points du territoire, uniquement pour constituer le monopole de la Raffinerie de Paris, au bon plaisir de laquelle il aura ainsi livré aussi bien les consommateurs français que la production indigène et coloniale française.

Et c'est là, Messieurs, le motif essentiel du rejet, cinq fois confirmé par les Pouvoirs publics, de l'application d'une surtaxe, aux sucres des colonies étrangères.

Ce sont des considérations de l'ordre le plus élevé qui justifient cette décision prévalant dans des circonstances si diverses et si multiples, malgré tous les entraînements que les discussions économiques ont pu provoquer ; — considérations de respect de droit public qui s'opposent au décret de ruine et de mort qu'on sollicite contre les Raffineries des Ports ; considérations visant la sauvegarde que les Pouvoirs publics doivent à cet immense ensemble d'intérêts que représentent les consommateurs français, la production indigène et coloniale des sucres français qu'il faut préserver du monopole, à la merci duquel ils seraient livrés si cette surtaxe était appliquée.

On nous parle des législations allemande, russe, autrichienne, mais, la grande Commission parlementaire constituée, en 1884, sous la présidence de M. Ribot, de quoi donc était-elle saisie ?

— D'un projet de surtaxe sur les sucres étrangers.

Il n'était pas alors question de la prime à l'Intérieur qui produit à la sucrerie indigène et coloniale les résultats énoncés au début de cette étude.

Non, la Commission, qui a laissé des travaux si considérables sur la matière, qui s'est livrée à une enquête qui restera certainement le modèle d'études de cette nature, saisie d'un projet de surtaxe à imposer aux sucres étrangers, a substitué, à cette disposition, la prime à l'Intérieur dont bénéficie aujourd'hui la sucrerie française, indigène et coloniale, dont on ne pouvait prévoir, à ce moment, toute l'importance.

Elle était amenée à cette conclusion de ses importants travaux par la considération des dommages qu'entraînerait, pour l'industrie de la Raffinerie française, l'application des surtaxes qui lui étaient demandées. Elle voulait surtout sauver d'une ruine, qu'elle savait la conséquence inévitable d'une surtaxe sur les sucres coloniaux étrangers, la Raffinerie des Ports. Et elle donnait à la sucrerie indigène — dont elle voulait assurer la prospérité et le développement — une riche compensation à ces surtaxes qu'elle lui refusait.

On veut revenir, aujourd'hui, sur l'œuvre de cette Commission. On veut la détruire, en faussant le système qu'elle a fait prévaloir. La question est donc ramenée au point où elle était en 1884 et, aujourd'hui comme alors, il faut choisir entre les surtaxes ou la prime à la fabrication.

Que si le système allemand des surtaxes doit prévaloir, qu'on le complète, comme en Allemagne, par une prime à l'exportation, mais qu'on renonce alors à la prime à la fabrication qui n'a plus raison d'être. A défaut d'autre initiative, M. le Ministre des Finances saura bien demander la suppression de cette allocation annuelle de 40.000.000 de fr. à la sucrerie indigène qui ne peut plus être justifiée, si ses produits sont préservés de tout contact avec le sucre étranger par les surtaxes prohibitives dont on veut le frapper.

La sucrerie indigène peut apprécier les conséquences qui résulteraient pour elle de cette refonte de la législation des sucres.

Qu'elle renonce donc, qu'on renonce à demander pour elle l'application de dispositions qui, ruineuses pour l'Industrie des Ports auraient, pour la sucrerie elle-même, les conséquences les plus funestes.

Que les Pouvoirs publics persévèrent dans ces décisions, si souvent confirmées, si bien motivées par les considérations de respect du droit public et de la sauvegarde de la fortune publique qui les a inspirées.

Nous avons la ferme confiance que le Parlement, s'inspirant de traditions aussi constantes qu'elles sont patriotiques, repoussera, aujourd'hui encore, d'accord avec le Gouvernement, la **surtaxe sur les sucres** coloniaux étrangers.

Ce rapport entendu, la Chambre en adopte les conclusions et les convertit en délibération.

Elle en décide, en outre, l'impression.